AF236041

NHLY happy indiany

Peter Oberfrank – Hunziker

Impressum:

Bibliografische Information der Deutschen
Nationalbibliothek: Die Deutsche
Nationalbibliothek verzeichnet diese Publikation in
der Deutschen Nationalbibliografie; detaillierte
bibliografische Daten sind im Internet über
www.dnb.de abrufbar.

© 2021 Peter Oberfrank – Hunziker
Herstellung und Verlag
BoD - Books on Demand, Norderstedt

ISBN 9783753441474

Es war einmal ein einzigartiges ganz sportliches Eishockeyspiel auf allerhöchsten NHL Niveau im Naturstadium grande sportsarena zwischen den Cologno eishockey club assimilatingly to Toronto Maple Leafs with old historical T-club being and New York Rangers und der große ewige NHL Champion Stanley Cup winner ist als Sieger dieses NHL Eishockeyspieles das team der New York Rangers with me Peter Oberfrank – Hunziker captaining with also my NHL art names 99 Wayne Gretzky and 24 Christian Perthaler and NHLY and nhling …. and blue heart celebrating …. und das siegreiche New York Rangers team in diesem good gaming NHL Stanley Cup final feierte das gewonnene Eishockeyspielergebnis von 3 : 2 (Overtime) und erzielten Eishockeytoren durch mich Peter, Kristiano, Isabelo mit freudigen Rufen von „NHL Stanley cup winner champion ever with remembering" und „happy" und ich Peter Oberfrank – Hunziker rufte damals im Winter des Jahres 2020 freudig einzigartig einmal

„Juhu" und lachte herzlich und dies ist eine einzigartige freudige sportliche Erinnerung und dies ist eine wunderschöne Erinnerung und das Eis war bei diesem NHL Eishockeyspiel ganz glatt und zauberhaft schön und perfekt zum Eishockeyspielen und mit wunderschönen Naturglanz und beim kurzgenannten old historical T-club vom nature land spielten die ältesten menschlichen Eishockeyspieler und bei der Nachbesprechung und auch schon Vorbesprechung und Zwischenbesprechung in den 2 Eishockeyspielpausen und vor der Overtimespielphase sagten diese Cologno männlichen Eishockeyspieler, dass sie ewig NHL Eishockey und sportliche Leistungstests durch mich Peter Oberfrank – Hunziker with all my NHL art names und Entheringly ever Geschichte mit nachdenken gut und nett schätzen und schön ist für mich auch die sportliche Erinnerung, dass diese Cologno männlichen Eishockeyspieler stolz auf ihr Eishockeyspielen und gymno machen sind und ich Peter Oberfrank – Hunziker als NHL player ever and captaining ever and

NHL Stanley Cup winner ever (with all NHL teams) instruierte fröhlich siegreich unser NHL team New York Rangers zum schönen feiern mit „think after" und mit einer eleganten netten indianischen Handbewegung würdigte ich dieses gute Eishockeyspiel good gaming winning ever for New York Rangers team with winning skyblue trophy …..... hearty

Dieses Eishockeyspiel war bei einzigartigen wunderschönen Naturlicht und mich Peter Oberfrank – Hunziker freute bei der Begrüßung des ältesten Cologno männlichen Eishockeyspieler wie er zu mir „NHLY" sagte und mit tiefsinnigen schauen „NHL sport ever" und „remembering" und „Peter Oberfrank – Hunziker as wedding family name and NHL art names like 24 Christian Perthaler und 99 Wayne Gretzky" sagte und ich Peter Oberfrank – Hunziker sagte fröhlich „Happy NHL" und dann spielten wir wirklich gutes Eishockey und bei Spielbeginn dieses good gaming NHL Stanley Cup final war ganz klare Sicht und in der Anfangsphase war ein Abtasten mit guten Kombinationsspiel und ganz starken Defensivleistungen beider Eishockeyteams und mit einem technisch hochstehenden Eishockeysolo russischen Stils erzielte ich Peter Oberfrank – Hunziker mit einem eleganten Eishockeytorschuß das 1 : 0 für das New York Rangers team und jubelte mit freudigen lachen und nach schnellen Eishockeyspiel erzielte Kristiano für das New York Rangers team mit einem scharfen Eishockeytorschuß das 2 : 0 und mit gut strukturierten und gekonnten Eishockeyspiel und zwei Eishockeytoren für das gegnerische Eishockeyteam kam es zum Spielergebnis von 2 : 2 und dann lud die Jury zur Overtimespielphase und mit guten konditionellen Eishockeyspiel und nach Passvorlage von mir Peter Oberfrank – Hunziker erzielte das siegreiche New York Rangers team mit einem druckvollen Eishockeytorschuß von Isabelo das endgültige Spielergebnis von 3 : 2 für das NHL Stanley Cup winner good gaming team New York Rangers.

Es war ein langes Eishockeyspiel abends bei gutem Licht und schöner Natur und ein faires Eishockeyspiel mit guter Spielkultur und guten Umgangsformen und schöner sportlicher NHL Feier ….

Dies ist ewig ganz in meinem Herzen und mit glücklichen Lachen und rückblickend ist dies einzigartig und ich Peter Oberfrank – Hunziker arbeite neben dem NHL Sport auch ewig gerne als Techniker und bin gerne bei meiner Indianerfamilie Hunziker mit meiner indianischen große Liebe Ehefrau Michelle Hunziker und unseren glücklichen familiären Kindern Miri und Tiri und Liri und Amelie und Linea und uns bedeuten das NHL Weihnachtsbuch viel und eine nette spaßige Urlaubserinnerung ist das freudige sein mit der „Badeente Champion" am Chiemsee.

Wichtig ist auch das Erinnern an sportliche Highlights und nette Aussagen und philosophische Aussagen und ich Peter Oberfrank – Hunziker als NHL Sportler ever nenne einige Aussagen in diesem Buch zum selber nachdenken:
„ NHL National Hockey League"

„History"

„Nature“

„sporty“

„unique“

Ein älterer Herr sagte zu mir Peter
Oberfrank – Hunziker und dann auch große
Eishockeybegeisterte: „Ganz ernst"

Ich Peter Oberfrank – Hunziker fasste dies
mit indianischer Würde auf und mit
sensibel sein.

„NHL sport celebrating und freudig hüpfen"

„Die Buchsprache ist vorwiegend die deutsche Sprache und bei wörtlichen Zitaten ist auch die englische Sprache als Buchsprache anzuwenden"

„Sport"

„NHL museum"

„flying cappy"

„Me Peter Oberfrank – Hunziker also with my NHL art name Kevin Lavallee celebrating …."

„NHLY"

„indiany“